AF349887

CATALOGUE

D'UNE

TRÈS-BELLE COLLECTION

D'AQUARELLES

MODERNES

DIX MINIATURES ANCIENNES

DONT LA VENTE PUBLIQUE AURA LIEU

HOTEL DROUOT, SALLE N° 3

Le Lundi 22 Décembre 1873

A DEUX HEURES PRÉCISES

PAR LE MINISTÈRE DE **Me BOUSSATON**, COMMISSAIRE - PRISEUR

Rue de la Victoire, 39

ASSISTÉ DE **M. DURAND-RUEL**, EXPERT

Rue Laffitte, 16

EXPOSITION PUBLIQUE

LE DIMANCHE 21 DÉCEMBRE 1873, DE 1 HEURE A 5 HEURES

—

1873

CONDITIONS DE LA VENTE

Elle aura lieu expressément au comptant.

Les adjudicataires payeront cinq pour cent en sus des enchères, applicables aux frais.

DÉSIGNATION

AGRASSOT

1. — Femme du Transtévère ; — aquarelle.

AMADO

2. Femme et Garde maures dans le palais de Galiana (Toledo) ; — aquarelle.

ANASTASI

3. — Confluent de la Meuse et du Vaal ; — aquarelle.

4. — Lynbaann (Hollande) ; — aquarelle.

5. — Soleil couchant, — pastel.

BARYE

6. — Tigre ; — aquarelle.

BENOUVILLE (Léon)

7. — Tête de jeune fille ; — croquis à la plume.

BISEO

8. — Promenade dans le jardin du Sérail ; — aquarelle.

BÉGUIN

9. — Une mauvaise rencontre ; — dessin.

BOUDIN

10. — Anvers; — aquarelle.

BOUGUEREAU

11. — Groupe allégorique; — dessin.

BROWNE (Mme H.)

12. — Les Oranges; — aquarelle.

CALAME

13. — Étang sous de grands arbres; — dessin.

DECAMPS

14. — Chasseur et chien d'arrêt ; — aquarelle.

DELACROIX (Eug.)

15. — Chevalier blessé ; — aquarelle.

16. — Seigneur vénitien ; — aquarelle.

17. — Marocain assis à terre ; — sépia.

18. — Jeune courrier arabe debout ; — dessin rehaussé.

DORÉ (G.)

19. — Composition pour une illustration ; — dessin à la plume.

DURAND-BRAGER

20. — Marine, plage à marée basse ; — aquarelle.

FLERS

21. — Paysage de Normandie ; — pastel.

GRENIER

22. — Chasseur au marais ; — dessin.

HAMMAN

23. — Un Gentilhomme ; — aquarelle.

24. — Réflexion ; — aquarelle.

HARPIGNIES

25. — Paysage ; — aquarelle.

26. — Le Palais des Césars, à Rome ; — aquarelle.

27. — Paysage, soleil couchant ; — aquarelle.

28. — Ruines à Bourbon-l'Archambault ; — aquarelle.

29. — Paysage italien, soleil couchant ; — aquarelle.

30. — Paysage au printemps ; — aquarelle.

HÉBERT

31. — Femme de Capri ; — dessin rehaussé.

HERSON

32. — Rouen et la côte Sainte-Catherine ; — aquarelle.

33. — Les vieux ponts à Nogent-le-Roi ; — aquarelle.

34. — Honfleur, le Quai et la Chancellerie, arrivée du bateau à vapeur ; — aquarelle.

35. — Prairie près Barbizon ; — aquarelle.

36. — Honfleur, bassin d'entrée ; — aquarelle.

37. — Vue d'Yport ; — aquarelle.

38. — Fontaine-le-Port, près Melun ; — aquarelle.

39. — Mare près Barbizon ; — aquarelle.

40. — Vue de Rouen et de la côte Canteleu ; — aquarelle.

41. — Honfleur, rentrée des barques par un gros temps, bassin de l'Ouest ; — aquarelle.

42. — Environs de Barbizon ; — aquarelle.

43. — Barbizon, chemin de Macherin ; — aquarelle.

JACQUE

44. — Paysan à cheval; — dessin rehaussé.

JONGKIND

45. — Moulins sur le bord d'un canal en Hollande;— sépia.

JUSTIN-OUVRIÉ

46. — Église de Dordrecht ; — aquarelle.

LAMI (Eug.)

47. — Exposition de Londres, 1851. Vue partielle de la section autrichienne, objets d'art et sculpture; — aquarelle.

48. — Exposition de Londres, 1851. Vue partielle de la section russe, objets d'art de la collection Demidoff; — aquarelle.

LAZERGES

49. — La Vérité; — dessin rehaussé.

50. — Pygmalion et Galatée; — aquarelle.

LE POITTEVIN

51. — Le Pâtre; — dessin rehaussé.

52. — Petite fille d'Étretat; — dessin.

LORENTZ

53. — Un Grenadier de la vieille garde; — dessin.

MARILHAT

54. — Vue de Chypre; — dessin.

MILLET (J.-F.)

55. — La Cardeuse; — dessin.

MILLET (J.-B.)

56. — Cour de ferme à Barbizon; — aquarelle.

PERALTA

57. — Femme romaine assise; — aquarelle.

PRÉVOST

58. — La Clef des champs; — aquarelle.

RAFFET

59. — Défricheurs à San Donato; — aquarelle.

60. — Fontaine de Rebecca à Vienne; — aquarelle.

SCHELFHOUT

61. — Vue de Hollande, effet d'hiver; — sépia.

SIMONETTI

62. — Paysanne italienne tenant un fuseau; — aquarelle.

VERNET (HORACE)

63. — Un Zouave; — dessin.

> Au verso de ce dessin, sont écrits quelques vers avec musique, tirés de *Lucie de Lammermoor*, et signés G. Duprez.

ZAMACOIS

64. — Paysan espagnol ; — aquarell .

ZIEM

65. — Marseille, intérieur du port, effet de soir ; — aquarelle.

66. — Port de Marseille, effet du matin ; — aquarelle.

67. — Vue aux environs de Harlem ; — aquarelle.

68. — Vue de la Camargue, berger gardant son troupeau ;
— aquarelle.

CARLIER

69. — Idylle; — sépia.

CHOLLET

70. — L'Improvisateur; — dessin.

DUMOULIN

71. — Hamlet; — sépia.

FORT (Th.)

72. — Charge de cavalerie; — aquarelle.

FOULQUIER

73. — Un Truand; — aquarelle.

DIX MINIATURES ANCIENNES

74. — Diane et Endymion.

75. — Pygmalion et Galatée.

76. — Mars et Vénus.

77. — Le Concert.

78. — Jeune Femme à sa toilette.

79. — Portrait de femme, costume de l'époque Louis XV.

80. — Femme surprise au bain.

81. — La Charité.

82. — Portrait de femme.

83. — Portrait d'homme.

PARIS. — J. CLAYE, IMPRIMEUR, 7, RUE SAINT-BENOÎT. — [2046]